the Storyteller's Candle

La velita de los cuentos

Story / Cuento
Lucía González

Illustrations / Ilustraciones
Lulu Delacre

CHILDREN'S BOOK PRESS
an imprint of Lee & Low Books Inc.
New York

INTRODUCTION

During the early years of the Great Depression (1929–1935), many Puerto Ricans left their little island to find work and better opportunities in the big city, *Nueva York.* Most lived in a section of northern Manhattan that became known as *El Barrio,* which means "the neighborhood" in Spanish.

Winter was harsh for the people of *El Barrio.* This was when they most missed their island's tropical warmth. But during this time something wonderful happened. A talented storyteller named Pura Belpré was hired to work as the first Puerto Rican librarian in the New York Public Library system. Through her work, her stories, and her books, Pura Belpré brought the warmth and beauty of Puerto Rico to the children of *El Barrio.*

– Lucía González

INTRODUCCIÓN

Durante los primeros años de la Gran Depresión (1929–1935), muchos puertorriqueños dejaron su islita en busca de trabajo y de oportunidades en la gran ciudad de Nueva York. Muchos de ellos se establecieron en una sección del norte de Manhattan que llegó a ser conocida como El Barrio.

Los inviernos eran duros para la gente de El Barrio pues era cuando más extrañaban el calor tropical de su isla. Fue entonces cuando algo maravilloso sucedió. Una talentosa narradora de cuentos, la señora Pura Belpré, fue empleada como la primera bibliotecaria puertorriqueña en trabajar para la Biblioteca Pública de Nueva York. A través de su trabajo, sus cuentos y sus libros, la señora Belpré les trajo a los niños de El Barrio el calor y la belleza de Puerto Rico.

– Lucía González

Hildamar shivered with cold as she walked home from school with her cousin Santiago. The icy afternoon wind froze their hands and burned their faces. It was the last week of school before winter break. It was also Hildamar's first *Navidad* in New York!

The winter surprised Hildamar. She had never felt so cold before! Only a few months earlier, Hildamar had traveled with her family from Puerto Rico to New York on a large ship called *El Ponce*. The journey took five days. Now the summer sun seemed very far from *El Barrio*.

And so Hildamar and Santiago rushed home as fast as they could to warm their hands by the old iron stove.

Hildamar y su primo Santiago titiritaban de frío mientras regresaban a su casa de la escuela. El viento helado les congelaba las manos y les hormigueaba la cara. Era la última semana de clases antes de las vacaciones de invierno. ¡Y era también la primera Navidad de Hildamar en Nueva York!

Al llegar el invierno a Nueva York, Hildamar se quedó asombrada. ¡Nunca había sentido tanto frío! Sólo meses antes había viajado con su familia desde Puerto Rico a Nueva York en un gran barco de vapor llamado El Ponce. El viaje tardó cinco días. Ahora, el sol del verano se sentía muy pero muy lejos de El Barrio.

Hildamar y Santiago se apuraron para llegar a casa a calentarse las manos al lado del viejo fogón de hierro.

That evening, the family sat down to eat together.

"*Bendito!*" Mamá Nenita said with a sigh. "How I miss the soft breeze of December nights on our little island!"

"Ahh!" said Tío Pedro, Santiago's father. "I miss the delicious *pasteles* and the smell of roasting pork everywhere!"

"I remember the *parrandas* and *aguinaldos,* when family and neighbors came to visit, sing, dance, and eat!" said Titi María, Santiago's mother, closing her eyes and humming.

"*El Día de los Reyes,* Three Kings' Day, was the best day of the year!" Santiago chimed in.

"Do the Kings travel this far?" asked Hildamar. "Will they come this year?"

6

Esa noche, la familia se reunió a cenar juntos.

—¡Bendito! —suspiró mamá Nenita. —¡Qué falta me hacen las noches calientitas de diciembre en nuestra islita!

—¡Ah! —dijo tío Pedro, el papá de Santiago—, ¡lo que yo más extraño son los pasteles y el delicioso olor a lechón asado por todos lados!

—¡Me acuerdo de las parrandas y los aguinaldos cuando la familia y los vecinos venían a visitarnos, a cantar, a bailar y a comer! —dijo titi María, la mamá de Santiago, cerrando los ojos y tarareando una melodía.

—¡El mejor día del año era el Día de los Reyes! —añadió Santiago.

—¿Y los Reyes vienen hasta Nueva York? —preguntó Hildamar—. ¿Van a venir este año?

The next day, like every day on their way to school, Hildamar, Santiago, and Titi María passed a tall building with windows that seemed to invite them inside. This building was different from the dark apartment buildings that stretched from one street corner to the other.

"Titi María, what's inside?" Hildamar asked. "Can we go in?"

"That's the library," Titi María replied, "and libraries are not for noisy *niños* like you."

"How about for grown-ups like you?" asked Santiago.

"We don't speak English, and the people in there don't speak Spanish," she told them. And so it was that they never went inside.

Al día siguiente, como todos los días en camino a la escuela, Hildamar, Santiago y titi María pasaron frente a un gran edificio con ventanas que parecía invitar a entrar a la gente que pasaba. Este edificio era diferente a los otros edificios de apartamentos oscuros que se extendían de una esquina a la otra de cada calle.

– Titi María, ¿qué hay ahí adentro? –preguntó Hildamar–. ¿Podemos entrar?

–Esa es la biblioteca –contestó titi María–, y las bibliotecas no son para niños alborotosos como ustedes.

–¿Y es para gente grande como tú? –preguntó Santiago.

–Nosotros no hablamos inglés y ahí nadie habla español –les dijo. Y así fue que nunca entraron.

But then, that afternoon, a special guest came to Hildamar and Santiago's class. She was a tall, slender woman with dark eyes that sparkled like *luceros* in the night sky. When she spoke, her hands moved through the air like the wings of a bird.

"*Buenos días*, good morning," she said. "My name is Pura Belpré. I come from the public library, and I bring stories and puppets to share with you today."

Ms. Belpré told stories with puppets, in English and in *español*. Everyone laughed at the story of silly Juan Bobo chasing a three-legged pot. At the end of her show, Ms. Belpré invited the children to visit the library during winter vacation.

"The library is for everyone, *la biblioteca es para todos*," she said.

Hildamar couldn't wait to tell everyone in *El Barrio* the good news.

Pero aquella misma tarde, una invitada muy especial llegó a la clase de Hildamar y Santiago. Era una señora alta y delgada, de ojos oscuros que brillaban como luceros en la noche. Cuando hablaba, sus manos se movían como las alas de un pájaro en pleno vuelo.

–Buenos días –dijo–. Me llamo Pura Belpré, y vengo de la biblioteca pública. Traigo cuentos y títeres para compartir con ustedes hoy.

La señora Belpré les contó cuentos en inglés y en español con los títeres. Todos se rieron con el cuento de Juan Bobo persiguiendo un caldero de tres patas. Al concluir la presentación, la señora Belpré invitó a todos los niños a que visitaran la biblioteca durante las vacaciones de invierno.

–La biblioteca es para todos –les dijo.

Hildamar estaba ansiosa de llegar a casa y darles la buena noticia a todos los de El Barrio.

When Titi María picked the children up from school that day, they told her about the special guest, the stories, the puppets, and the library.

"Titi! Titi! They speak Spanish at the library!" Hildamar shouted.

"Can we go to the library today?" Santiago begged.

"*Español?* In the library? But *nenes*, I am very busy today," she explained. "I promise I'll take you one day."

"I want *mami* to come, too," said Hildamar, "but she's always working."

"Maybe we can all go on Saturday," suggested Titi María.

"*Viva!* Hurray!" Hildamar and Santiago clapped and skipped all the way to the *Bodega Santurce,* where Don Ramón and Doña Sofía sold *habichuelas,* fresh vegetables, bread, and *café.*

Ese día, cuando titi María recogió a los niños en la escuela, ellos le contaron todo sobre la invitada especial, los cuentos, los títeres y la biblioteca.

—¡Titi, titi! ¡En la biblioteca hablan español! —exclamó Hildamar.

—¿Podemos ir hoy a la biblioteca? —le rogó Santiago.

—¿Español? ¿En la biblioteca? Pero nenes, hoy estoy muy ocupada —contestó titi María—. Les prometo que los llevo un día de estos.

—Yo quiero que mami venga también —dijo Hildamar— pero ella siempre está trabajando.

—A lo mejor todos podremos ir el sábado —sugirió titi María.

—¡Que viva! —aplaudieron Hildamar y Santiago y se pusieron a saltar. Saltaron hasta llegar a la bodega Santurce, donde don Ramón y doña Sofía vendían habichuelas, verduras frescas, pan y café.

"And why are these *nenes* so happy today?" asked Doña Sofía, leaning from behind the countertop.

"Tell us, what's the good news?" asked Don Ramón.

"Don Ramón, they speak Spanish at the library!" declared Hildamar. The other customers in the store were very interested in what Hildamar had to say.

"*Qué bueno!*" they exclaimed.

"Do they have books in Spanish, too?" Doña Sofía wanted to know.

"*Bueno, ya veremos* – we'll see," said Don Ramón.

—¿Y por qué están hoy tan alegres estos nenes? —preguntó doña Sofía, asomándose desde detrás del mostrador.

—¿Qué buenas noticias nos traen hoy? —les preguntó don Ramón.

—¡En la biblioteca hablan español don Ramón! —declaró Hildamar. Los otros clientes que se encontraban en la bodega se interesaron en escuchar lo que Hildamar tenía que contar.

—¡Qué bueno! —exclamaron.

—¿Y tendrán libros en español? —doña Sofía quería saber.

—¡Bueno, ya veremos! —dijo don Ramón.

That Saturday, Hildamar's mother and Titi María invited Doña Sofía and Don Ramón to come with them to the library. Santiago invited his best friend Manuel.

The group walked along the snow-covered sidewalks, remembering *Navidades* back home. Soon they arrived at the handsome building.

The adults stopped to look up at the tall doors, doubting whether they should go inside. Hildamar, Santiago, and Manuel ran up the stairs, leaving them behind. They couldn't wait!

Ese sábado, la mamá de Hildamar y titi María invitaron a doña Sofía y a don Ramón a que fueron con ellos a su primera visita a la biblioteca. Santiago invitó a su amigo Manuel.

Caminando por las calles cubiertas de nieve, el grupo recordaba las Navidades pasadas en su país. Pronto llegaron al hermoso edificio.

Los adultos se quedaron atrás, deteniéndose a mirar las altas puertas del edificio, dudando si deberían pasar. Los niños subieron las escaleras corriendo. ¡No podían esperar!

Inside, children filled the story room. Ms. Belpré welcomed them with a smile. *"Bienvenidos! Welcome!"* she said.

The storyteller's candle was lit and soon the story began. *"Había una vez y dos son tres en Puerto Rico... Once upon a time in Puerto Rico..."* Ms. Belpré told a story that Hildamar and Santiago had heard from their grandmother, about a beautiful Spanish cockroach named Martina and a gallant little mouse, Ratoncito Pérez. The story ended with a wave of applause.

"Now, close your eyes and make a wish," whispered Ms. Belpré. "We'll blow out the storyteller's candle and your wish will come true."

The children closed their eyes tight and wished.

Dentro, los niños llenaban el lugar. La señora Belpré los recibió con una sonrisa. –¡Bienvenidos! –les dijo.

La velita de los cuentos ya estaba encendida, y el cuento comenzó. –Había una vez y dos son tres en Puerto Rico... –la señora Belpré contó un cuento que Hildamar y Santiago ya habían escuchado, uno que su abuela les había contado, sobre una linda cucarachita española, que se llamaba Martina, y su galán, el ratoncito Pérez. El cuento terminó con un mar de aplausos.

–Ahora cierren los ojos y pidan lo que más deseen –susurró la señora Belpré–. Apagaremos la velita y sus deseos se harán realidad.

Los niños cerraron bien los ojos y pidieron lo que deseaban.

19

When the children opened their eyes, Ms. Belpré made a special announcement. *"El Día de los Reyes*, Three Kings' Day, is coming. This year we want to have a big *fiesta* at the library, with a play, dances, and a parade. The play will be the story of Pérez and Martina. Who wants to be in the play?"

Santiago raised his hand. "I want to help!" he called.

"I want to help, too!" the others chimed in.

Santiago was chosen to be Ratoncito Pérez. Hildamar raised her hand. Her heart was beating fast when Ms. Belpré picked her to play the most important part – Cucarachita Martina.

"We have the cast of characters," said Ms. Belpré, "but we will also need costumes, music, and a stage."

Cuando los niños abrieron los ojos, la señora Belpré anunció: —Se aproxima el Día de los Reyes. Este año queremos hacer una gran fiesta en la biblioteca, con una obra teatral, bailes y un desfile. La obra será el cuento de Pérez y Martina. ¿Quién quiere participar en la obra?

Santiago levantó la mano. – ¡Yo quiero ayudar!

–¡Yo también quiero ayudar! –gritaron los otros niños.

A Santiago lo escogieron para hacer el papel de Ratoncito Pérez. Hildamar levantó la mano. El corazón le empezó a palpitar rápidamente cuando la señora Belpré la escogió para hacer el papel más importante de la obra: el de la cucarachita Martina.

–Ya tenemos a los personajes –dijo la señora Belpré– pero todavía nos faltan el vestuario, la música y el escenario.

Soon, word got around: "They speak Spanish at the library! And there's going to be a *fiesta* for Three Kings' Day there!"

Doña Sofía told Don Ramón, who told Padre Simón, who made an announcement at church. That Sunday, after morning mass, the *vecinos* gathered together. Even Pura Belpré attended the meeting.

"For the first time," they said, *"El Día de los Reyes* will be celebrated in New York!"

Everyone wanted to help.

"I'll make the costumes," said Titi María.

"I'll make the curtains for the stage," said Mamá Nenita, who worked in a sewing factory.

"And I'll make the stage," said Don Ramón. "I was a carpenter in Puerto Rico."

Pronto se regó la voz: «Se habla español en la biblioteca! Van a hacer una fiesta de reyes allí!»

Doña Sofía le dijo a don Ramón, que le dijo al Padre Simón, quien lo anunció en la iglesia. Ese mismo domingo, después de la misa de la mañana, los vecinos se reunieron. Hasta la señora Pura Belpré asistió a la reunión.

–¡Por primera vez –dijeron– se celebrará el Día de los Reyes en Nueva York!

Todos querían ayudar.

–Yo me encargo   de hacer los trajes –dijo titi María.

–Yo haré las cortinas para el escenario –anunció mamá Nenita que trabajaba en una fábrica de costura.

–Y yo construiré el escenario –dijo don Ramón–. En Puerto Rico yo era carpintero.

23

From that day on, the neighbors went to the library every day to help with the preparations for the big event. They were very happy to discover books and magazines for them in *español* on the shelves.

The children rehearsed the play, the dances, and the stories. Don Ramón donated boxes and crates from his *bodega* to make the decorations. The mothers from *El Barrio* met at church or the library to paint, cut, and paste.

Finally, by the evening of January 5th, the library was ready for Three Kings' Day.

Desde ese día en adelante, los vecinos iban a la biblioteca todos los días para ayudar con los preparativos para el gran día. Y todos se alegraron al descubrir que la biblioteca tenía revistas y libros en español para ellos.

Los niños ensayaban la obra, los bailes y los cuentos. Don Ramón les regaló cajas de madera y de cartón de la bodega para que decoraran el escenario. Las madres de El Barrio se reunían en la iglesia o en la biblioteca para cortar, pintar y pegar.

Por fin, el 5 de enero por la tarde, la biblioteca quedó lista para el Día de los Reyes.

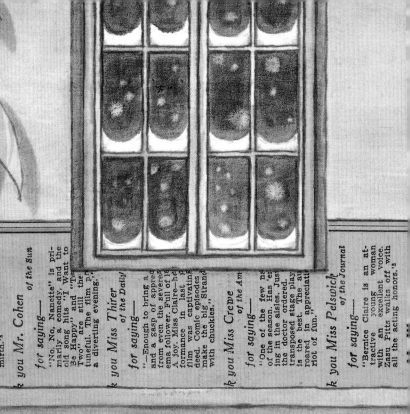

The next day, everyone came from far and near. Outside, the snow was rising high. Inside the library, the logs burned in an open fireplace and the storyteller's candle flickered. The room bubbled with the voices of children and adults. Everyone spoke at once, in Spanish and in English.

"*Ay, qué lindo!* How beautiful!"

The reading room had become an island in the Caribbean. A group of children sang *aguinaldos* while others waited impatiently for the show.

~

Al día siguiente, todos llegaron, de lejos y de cerca. Afuera se amontonaba la nieve. Dentro de la biblioteca, los troncos ardían en la chimenea y la llama de la velita de los cuentos titilaba. La sala hormigueaba con las voces de los niños y los adultos. Todos hablaban a la vez, en inglés y en español.

—¡Ay, qué lindo! *How beautiful!*

El salón de lectura se había transformado en una isla en el Caribe. Mientras un grupo de niños cantaba aguinaldos, otros esperaban impacientes a que comenzara el programa.

27

"¡*Asalto!*" boomed the voices of the *parranderos*, surprising everyone. The children stretched up on tiptoe for a good look.

"*Saludos, saludos, vengo a saludar. . .*" sang the *parranderos*.

Doña Sofía shook the *maracas*, *chiki-chiki-chik, chiki-chik*. Don Ramón scraped the *güiro, cha-kra-cha-kra-cha*. And leading the group, strumming the *cuatro*, was Señor Lebrón.

Suddenly, there they were – the Three Kings! They marched through the room sprinkling the children with candies and sweets.

The music stopped, and the play began. "Many years ago, in a little round house with a little round balcony, there once lived a Spanish cockroach named Martina. . ."

Hildamar stepped on stage. She was the most beautiful cockroach! And Santiago. . . ay, what a handsome little mouse!

—¡Asalto! —interrumpieron con gran estruendo las voces de los parranderos, sorprendiendo a todos. Los niños se pararon en la punta de los pies para poder ver mejor.

—Saludos, saludos, vengo a saludar —cantaron los parranderos.

Doña Sofía tocaba las maracas, *chiki-chiki-chik, chiki-chik*. Don Ramón raspaba el güiro, *cha-kra-cha-kra-cha*. Y al frente del grupo, rasgueando el cuatro, estaba el señor Lebrón.

De pronto, ahí estaban, ¡los tres Reyes Magos! Marcharon por todo el salón, tirándoles caramelos y dulces a los niños.

La música dejó de tocar y comenzó la función. —Hace muchos años, en una casita con balcón, vivía una cucarachita española llamada Martina...

Hildamar salió al escenario. Era una cucarachita muy hermosa. Y Santiago... ay, ¡qué ratoncito tan galante!

Ms. Belpré concluded the show in her usual way. "Close your eyes and make a wish," she whispered as she held the storyteller's candle.

Hildamar closed her eyes and wished. When she opened them, her eyes met Ms. Belpré's. With her gentle smile and twinkling eyes, Ms. Belpré said, "Today, with everyone's help, we brought the warmth and beauty of Puerto Rico to New York. Remember, the library belongs to you all. We'll blow out the storyteller's candle, and your wish will come true."

La señora Belpré concluyó el programa en su forma habitual. —Cierren los ojos y pidan un deseo —susurró, sujetando entre las manos la velita de los cuentos.

Hildamar cerró los ojos y pidió un deseo. Cuando los abrió, sus ojos se encontraron con los de la señora Belpré. Con suave sonrisa y mirada brillante, la señora Belpré dijo —Hoy, con la ayuda de todos, hemos traído el calor y la belleza de Puerto Rico a Nueva York. Recuerden que la biblioteca es para todos ustedes. Apaguemos juntos la velita de los cuentos y sus deseos se harán realidad.

PURA BELPRÉ was born sometime between 1899 and 1903 in the little town of Cidra, Puerto Rico, in a home full of storytellers. The stories she heard from her grandmother had been handed down by word of mouth for generations. These stories came with her to the United States in the early 1920s.

Pura Belpré began her career as a children's librarian when she became the first Puerto Rican librarian to be hired by the New York Public Library system. She had great passion for library work, and her passion lasted a lifetime. Pura Belpré was also a magnificent storyteller and puppeteer with a deep and evocative voice. Her story *Pérez and Martina,* first published in 1932, remains a classic of children's literature. In 1996, the Pura Belpré Award was established to honor Latino writers and illustrators whose children's books celebrate the Latino cultural experience.

Over the course of her long career as a writer, storyteller, and librarian, Pura Belpré inspired generations of young people in the communities she served. Pura Belpré wished to be like Johnny Appleseed – she had read about him in one of her books in Puerto Rico. And so, as a storyteller, she planted her story seeds across the land.

SE CONSIDERA QUE PURA BELPRÉ nació entre los años 1899 y 1903 en el pequeño pueblo de Cidra, Puerto Rico. En su casa todos contaban cuentos. Los cuentos que le contaba su abuela habían sido transmitido oralmente, de generación en generación. Esos fueron los cuentos que trajó ella consigo a los Estados Unidos a principios de los años veinte.

Pura Belpré comenzó su carrera como bibliotecaria de niños al ser empleada por el Sistema de Bibliotecas Públicas de Nueva York, como la primera bibliotecaria puertorriqueña. Su labor de bibliotecaria fue su gran pasión, una pasión que la acompañó toda su vida. Pura Belpré, de voz profunda y evocadora, fue una gran narradora de cuentos, artista de títeres y autora de lindos libros para niños. Su cuento, *Pérez y Martina,* publicado por primera vez en 1932, es uno de los clásicos de la literatura infantil. En 1996, se estableció el Premio Pura Belpré, para honrar a los escritores e ilustradores latinos, cuyos libros para niños celebran la experiencia de la cultura latina.

En el transcurso de su larga carrera como escritora, narradora y bibliotecaria, Pura Belpré fue fuente de inspiración para generaciones de jóvenes en las comunidades en las cuales sirvió. Pura Belpré quería ser como Johnny Appleseed, personaje acerca del cual había leído en uno de sus libros en Puerto Rico. Y así fue cómo ella fue esparciendo las semillitas de sus cuentos por todo el país.

A note about the artwork:

Lulu created the artwork for this book with layers of oil washes and paper collage on bristol paper that she primed with clear gesso. She began with sepia tones, to place the story back in time. She used an original copy of the *New York Times* from January 6, 1930, for the collage elements. On many pages, the bits of newspaper contain information that relates to the story on that page. For example, on page 3, the artwork contains pieces of a timetable of new arrivals into Manhattan by steamship.

What other interesting connections can you find between the newspaper collage and the story? Can you find pages where bits of newspaper ads are embedded in the illustrations?

LUCÍA GONZÁLEZ was born in Cuba, in a very small town with a very long name, Caimito del Guayabal. She has lived in Florida, California, Spain, and Venezuela, and has traveled widely. Lucia is a children's librarian, a bilingual storyteller, a puppeteer, and an author. She has been awarded the Pura Belpré Honor Medal by the American Library Association. Lucia lives in Miami, Florida with her family, friends, and two cats.

To Pura Belpré for lighting the way; to the creative power of the immigrant family; to my parents whom I love and admire (a mis viejos que tanto quiero y admiro), and to Ruth, mujer de visión con corazón. –LG

LULU DELACRE, born in Puerto Rico to Argentinean parents, is a two-time winner of the Pura Belpré Honor Medal for illustration. She first learned how to illustrate picture books by looking through the collection in the children's room of her local public library. A common thread in Lulu's work, which has been exhibited internationally, is the celebration of her Latino heritage. She lives in Silver Spring, Maryland.

To the librarians who light the way, and the children who believe in them. –LD

Glossary of Terms

Asalto! (ah-SAL-to): Late at night, carolers gather quietly outside friends' houses. At a signal they start playing their instruments and singing to wake their sleeping friends, who invite them inside for food, drinks, and dance.

Cuatro (coo-AH-tro): The national instrument of Puerto Rico, which belongs to the lute or guitar family and has ten strings.

El Día de los Reyes (el -DEE-ah deh los REH-yes): Three Kings' Day, observed on the 6th of January. In the Roman Catholic calendar, the twelve days of Christmas end with the Feast of the Epiphany — or, as it is called in much of the Spanish-speaking world, Three Kings' Day.

Güiro (goo-EE-ro h): Percussion instrument made from an open-ended, hollow gourd with notches cut in one side. It is played by rubbing a wooden stick along the notches.

Maracas (ma-RAH-kahs): Percussion instruments played in pairs, made of dried gourds filled with seeds or dried beans.

Navidad (nah-vee-DAD): Christmas, sometimes referred to in the plural, *Navidades*.

Parranda (pah-RAN-dah): When a group of friends gathers together to *asaltar*, or surprise, another friend.

Pasteles (pahs-TEH-les): A holiday dish made with a dough of grated green bananas and mashed plantains stuffed with pork and seasonings, and wrapped in a plantain leaf.

Titi (TEE-tee): An affectionate term for "aunt" in Puerto Rico.

Library of Congress Cataloging-in-Publication Data

González, Lucia M.

The storyteller's candle = La velita de los cuentos / story by Lucía González; illustrations by Lulu Delacre.

p. cm.

Summary: During the early days of the Great Depression, New York City's first Puerto Rican librarian, Pura Belpré, introduces the public library to immigrants living in El Barrio and hosts the neighborhood's first Three Kings' Day fiesta.

ISBN 978-0-89239-222-3 (hc)   ISBN 978-0-89239-237-7 (pb)

I. Belpré, Pura–Juvenile fiction. II. Belpré, Pura–Fiction. 2. Librarians–Fiction. 3. Libraries–Fiction. 4. Puerto Ricans–New York (State)–New York–Fiction. 5. Epiphany–Fiction. 6. New York (N.Y.)–History–1898-1951–Fiction. 7. Spanish language materials–Bilingual.] I. Delacre, Lulu, ill. II. Title. III. Title: Velita de los cuentos.

PZ73.G5886 2007

[E]–dc22   2007027230

Special thanks to Toni Bissessar, Laura Chastain, Ina Cumpiano, Ana-Elba Pavón, Carmen Rivera, and Rosalyn Sheff.

Children's Book Press, an imprint of LEE & LOW BOOKS Inc., 95 Madison Avenue, New York, NY 10016

leeandlow.com

Manufactured in China by RR Donnelley

The text is set in National Oldstyle

Book design by Carl Angel

Book production by The Kids at Our House

HC 13 12 11 10 9 8 7 6 5

PB 15 14 13 12 11 10 9

First Edition

MIX
Paper from responsible sources
FSC® C144853